DIE DEUTSCHE INFORMATIONSBIBLIOTHEK PJÖNGJANG
德语图书馆及平壤信息中心

莎拉·范·德·海德 12/2015

到今年，东、西德统一已有二十五个年头。然而，时至今日，韩国和朝鲜仍处于南北分裂状态。

"我们正在做一项危险的实验，因为我们想第一个见证朝鲜的开放。"

2004年6月2号，歌德学院 前任校长尤塔·林巴赫在与世隔绝的朝鲜宣布平壤歌德学院信息中心的"德国学术科技出版办公室"成立时，说了这些话。或许，这项特别的尝试注定要失败，最终，这个图书馆也没能撑过五年。关于图书馆里要放哪些书的讨论持续了两年多，朝鲜政府迫切需要科技医药类的学术文献，而歌德学院坚持主张馆里一半的书应与德国文化、语言、文学、音乐有关。歌德学院相信德国不仅能在和平进程中为朝鲜作榜样，也能通过德国的音乐、文学①促进朝鲜与韩国 的统一。

由于朝鲜封闭的政治环境，外界和朝鲜的交流很少。比如，朝鲜国内有内联网，却没有能和世界相联的互联网。因此，世人对朝鲜的看法受到其他国家尤其是美国的极大影响。韩国在过去就已经受到外国，尤其是日本的殖民统治，至今美国在韩国仍设有军事基地。日本侵占朝鲜数年后，朝鲜战争打响，这场战争在现今的朝鲜被称作"祖国解放战"，在中国的官方名称则叫"抗美援朝"。北朝鲜第一代领导人金日成是反抗日本侵略和美国势力的领袖之一。在今天，获得自主权带来的自豪和对美国影响的抗拒仍然是支撑朝鲜社会的两大支柱。

本次展览期间，（中国）广州的歌德学院变成了"德语图书馆及平壤信息中心"。这种艺术介入是对图书馆当前地理位置的一种假想式转换。在这个大框架下，我们会以歌德学院的运作方式为观众提供一系列文化活动。这一次，不仅有对图书馆本身和阅览室历史背景的反思，我们还会去探究朝鲜、韩国与之前分裂的东德、西德在历史上的相似之处。

这个项目并不打算替复杂的政治问题找到解决方法，也不希望陷入朝鲜代表的一贯意象。此项目目的是审视国家文化政策与其软实力的运用，它们起源于以欧洲为中心的资本主义叙述方式，这本身可能也说明了施者与受者之间不平等的关系。今天，在一个由共产党治理的后殖民国家开设一座德语图书馆意味着什么？在忘掉好斗相争的一面、寻找新的纽带上，

艺术和语言能起到怎样的作用？这为批判性问题提供了空间，也让思维突破了国家疆界、语言和地理位置的局限。

在本届展览上，大家参观图书馆时，会在放置图书的地方发现一些艺术品。书即艺术品，艺术品就是书。沙龙活动举办期间，你能在图书馆里看到不同年代、来自德国、中国、朝鲜、韩国等不同地区的艺术家们的响应与贡献。

2015年12月13号有一场沙龙活动，届时会有烹饪表演、音乐、讨论。

1 2013年联邦外交部的预算中，有极大一部分（超过五分之一），约8亿欧元，被用于维系对外关系。自二战以来，德国一直积极地在全球活动，树立积极的形象，在96个国家开设了160所宣传德国文化及语言的文化机构—歌德学院。自2004年来，由政府资助，中国在海外开设了超过500所汉语学习中心—孔子学院。

适时的沉思

汉克·斯拉格
首届亚洲双年展暨第五届广州三年展主策展人

1876年，德国哲学家尼采在其极具开创性的论文《不适时的沉思》中强调：在创立了"历史"这门学科、用了半个世纪的历史思维之后，人们急需重新思考所有相关的文化价值观以及历史建构和理解的修辞作用。

但尼采也很清楚自己的论点提得不是时候。十九世纪——就像哲学家黑格尔在《精神现象学》中所认可的——是一个宣扬精神即世界精神的年代；是一个以欧洲为中心而忽视亚洲等其他大陆的价值观和品质的时代。

在之后的一个世纪，一种全球化的时间思维通过如单一民族国家、帝国和资本主义等新的组织结构显现出来。这些渐渐凝聚起来的力量没怎么注意到一种与之不同的时间观和主观性是如何在亚洲进一步发展的。

这种忽视，这种对差异有意的否认，对首届亚洲双年展暨第五届广州三年展来说，正是很合时宜的出发点。本次展览主要阐述了韩国哲学家韩炳哲在《疲劳社会》中所描写的时间在其本质上存在的悖论，即（从加速、速度、可见性、耗竭、渐次/逐步的现代性、极端资本主义、知识生产和经济视角出发的）西方时间、全球时间、或者说"世界时间"与（从平静、反思、专注、呈现多种形式的现代性以及强调价值观与智慧视角出发的）亚洲时间之间的对抗。

从这一点出发，本次展览想要成为一剂激发质疑现今"世界时间标准"的批判催化剂——我们并不是要用其他形式的时间来替代它，只是想试着了结这种以自我为中心、具有排他性、并且似乎能普遍通用的扩张主义逻辑。

这种普遍主义的不可能性正是萨拉·温·德·海德在德语图书馆及平壤信息中心这个项目中体现的核心要义。这个项目在广东省立中山图书馆开展，目的是分析十年前歌德学院通过在朝鲜首都平壤设立临时分支而发展的文化政治。歌德或许是历史上最后一位普遍主义者，这所学院以歌德命名，意在向访问者传递那些普世的看法和价值观。

对于以上提到的那些问题，萨拉·温·德·海德的这个项目就是分层处理它们的方法。这个分层处理法包括艺术介入、与其他艺术家和设计师（比如汉斯·哈克，金素拉和陈侗）的合作，以及一场（与路里恩·维哲斯，朴赞京，斯特凡·德雷尔等人）的平行沙龙活动。我们 不应该把这个项目仅仅看作是历史重建，它从文化价值观的相对性和史实性出发，其实更是一个想象和（对信奉扩张主义"软实力"政治）进行批判反思的空间。

萨拉·范·德·海德，歌德学院图书馆数据库及平壤信息中心（2004-2009）

2015，李东永，丹尼尔·强允·诺里嘉德和克里斯蒂安·约翰森。
数字图书馆数据库和5000张索引卡

一开始，我们打算把书和其他媒介都从原平壤阅览室运到广州来。可是被首尔歌德学院告知那些书和媒介现已分散在亚洲各地，比如蒙古、平壤的医疗中心等地。
现在广州展出的是一个包含5000个媒介的数据库，其内容就是2004年 运到平壤的书籍、DVD和CD。所有的书籍、电影、音乐都按照主题归类，可以通过标签/字母表/作者/主题/索引号查找。馆内书籍的选择体现了德国和朝鲜不同的兴趣所在。
就"图书馆应该提供哪些书"的问题，双方协商了两年，朝鲜政府迫切渴望科技医药方面的学术文献，而歌德学院坚持认为馆内一半的书应与德国文化、语言、文学、音乐有关。

崔昌浩，春天的白头山

2004，印刷横幅

在图书馆悬挂的两个横幅上都能看到对天池景色的描画。白头山在朝鲜被视为
"革命圣山"。画家崔昌浩的笔法是蒙古风格，不描轮廓，直接用色彩涂抹塑造形象。
这座山和这片地区很有名，出于两点原因：一，在抗击占领朝鲜半岛数十年的日本时，这里是朝鲜的游击根据地；二，在朝鲜人眼中，白头山是三大圣山之一，也是其祖先的发源地。

埃里希·昂纳克与金日成对话节录

2015，出版物复制

在德语图书馆的书架上，有两份上世纪七十年代冷战时期的文档，展现了原德意志民主共和国领导人埃里希·昂纳克与朝鲜民族主义人民共和国两领导人金日成之间的交流。这两份文档将德意志民主共和国和朝鲜民族主义人民共和国的历史友谊条约具体化（该条约也囊括中国在内），促成了东德与朝鲜间深长的友谊和文化交流。
正是这份友谊才使得在平壤开设德语图书馆信息中心这个想法最终有可能实现。
这些信件表明朝鲜非常希望在没有美国势力干扰的前提下实现统一。

萨拉·范·德·海德，约翰·沃尔夫刚·冯·歌德有169个家

2015，169张名片，按字母顺序陈列

推广德语和德国文化的歌德学院，由德意志联邦共和国资助，在全球各地开设了169家。在这169张名片上，以其名字命名学院的约翰·沃尔夫冈·冯·歌德（1749-1832），大名与每个学院的地址印在了一起。这些熟悉的物件提供了另一种方式来指出全球化领域中的普遍主义和国家文化机构挥之不去的帝国主义影响。
这些名片体现了歌德其人的身份：诗人、政治家、科学家、剧作家、小说家。

汉斯·哈克，Die Freiheit wird jetzt einfach gesponsert—aus der Portokasse
自由现在要靠赞助——用小钱赞助

1990，四张照片

1990年，乔瓦尼·安塞尔莫，芭芭拉·布鲁姆，克里斯蒂安·波坦斯基，汉斯·哈克，丽贝卡·霍恩，伊利亚·卡巴科夫，扬尼斯·库内里斯，维亚·莱万多夫斯基，马里奥·莫兹，拉斐尔·莱伊斯贝格和克日什托夫. 沃迪克受邀做一个临时的公共艺术装置，该装置的零件来自当时仍分裂着的东、西柏林，这些零件互为补充、相辅相成。这场展览由西柏林市政府资助，在柏林合并、德国统一之前的几个月开放。这场展览的标题是"自由的有限性"，这个说法是东德著名剧作家、诗人、作家、剧场导演海纳·穆勒发明的。

1961年，德意志民主共和国（东德）沿着西柏林的边界线辟了一块荒地，派人严密巡逻，四周立着不可攀的墙，还布有通电围栅和地雷阵。大约有175人企图逃往西德时葬身于这片"死亡地带"。

这个装置项目选用了靠近海因里希-海涅检查站的一座瞭望塔。瞭望塔的窗户换上了茶色玻璃，这使人联想起东柏林的'Palasthotel'——德意志民主共和国里一家豪华的招待所。瞭望塔顶的探照灯被换成了一只缓慢旋转的梅赛德斯之星——自1965年起，欧罗巴购物中心的屋顶就有一颗巨大的梅赛德斯之星一直旋转着，欧罗巴购物中心是西柏林时尚购物区中心地带最高的建筑。

瞭望塔的两边各有一块铭文铜牌。上面刻着戴姆勒· 奔驰的系列广告里出现的名人名言。其中一句是莎士比亚说的"有备无患"，这与德意志民主共和国少先队员的口号"准备好了—时刻准备着"呼应。另外一句歌德说的"艺术永远是艺术"，曾被用在《纽约时报》登的梅赛德斯广告里。

在展览前的几个月，戴姆勒·奔驰在波茨坦广场买了一大块空地，这个地段曾经是柏林城的中心位置，并且根据预测将会再次成为其中心。在对这片新开放的区域进行城市规划之前，柏林政府便把它卖给了戴姆勒·奔驰。戴姆勒公司付的钱是预估市场价的十分之一。

戴姆勒·奔驰也是积极推动希特勒上台的德国公司之一。公司的董事长和总裁都是纳粹党卫军成员。和其他的战时企业一样，戴姆勒·奔驰也非常依赖强迫劳动力。战后，戴姆勒·奔驰再次昌盛兴隆起来。它是德国最大的企业，也是最大的作战物资生产者。戴姆勒·奔驰对国际武器禁运令毫不忌惮，曾为南非种族隔离政权的军警提供六千多辆车，其中包括火箭发射车。上世纪八十年代，戴姆勒·奔驰还卖了直升机、军用车辆核导弹给萨达姆·侯赛因统治的伊拉克。

戴姆勒·奔驰一直是艺术展览的大赞助商。1986年，它委托波普艺术大师安迪·沃霍尔把戴姆勒·奔驰公司从最初到20世纪80年代生产的所有车画出来。安迪·沃霍尔去世后，1988年，这些画在纽约的古根海姆博物馆展出——赞助者是梅赛德斯。

金素拉，摘要阅读

2015，印刷文本、录音文本

在德国图书馆里，有关于文学和音乐的书，也有关于德国文化、历史、哲学、科学、德国外交关系政策、冷战、二战的书。从不同书籍中任意选择的书页被寄给了现居首尔的金素拉。
基于这些书页，她重新创作出一个新的文本：一个超越了意义和不同语言的文本。她的摘要写作表达了一种完全异于传统沟通概念和逻辑思维的语言。她的作品赋予了使用图书馆和馆内图书新的意义，也为图书馆当前的转化提供了一个类比。

陈侗，真正的书架

2015，书架，视频

在未来，书架还会存在吗？制作一个"真正的"书架和思考这个想法的价值一样重要。
这个书架不是一种装饰。在制作它的过程中，我们只考虑它的承载量，因为思想本身就有重量。在和公众对话时，我们会讨论应该把哪种书摆到书架上。同时，公众会知道一个真正的书架是怎样制作出来的。

伊姆加德·森福，
加布里尔·施特策/爱尔福特女性艺术家团体为女性而设的时尚品展，爱尔福特女性艺术家团体

1988，8毫米原创视频

在八十年代的原德意志民主共和国，加布里尔·施特策是爱尔福特女性艺术家团队的创始人之一。这些女艺术家们采用绘画，纺织，制作陶艺品及8毫米电影形式，后来她们开始在爱尔福特的教堂里进行展示。在受男性支配控制的社会里，她们寻找着表达自己的方式。女艺术家们只能在私人场所或教堂里展出。这个视频再现了在爱尔福特的奥尔斯丁修道院中的一场时尚品展。她们当时正在自制服装。加布里尔·施特策说道："这是所有人的艺术，是平等民主的。这种时尚不是仅限于富人的，而是面向大众的。"为了这场展出，她们需要寻找模特，但她们并没有请时尚杂志里的那些模特，而是要找普通的女性，当时许多妇女积极响应。

珍妮特·格劳，重视

2003，视频 23分钟

《重视》展示了三十个人对不同绘画作品的描述。这个由许多部分组成的作品是根据在国家艺术基金会仓库拍摄的视频素材而形成的。所使用的美术品曾经属于德累斯顿区美术理事会办公室（前东德一个关于视觉艺术的官方机构），现在是国家美术基金会藏品的一部分。

在超过21000幅作品中，珍妮特·格劳挑选了15幅画作，然后展示在《重视》的参与者面前。在看到这些美术品之前，参与者并不知道他们将要面对什么样的画作，也不知道这些作品来自原德意志民主共和国。在几天的时间里，这些参与者陆续来到仓库，选择"自己的"画作。他们不知道其他人的选择，也不知道作品的信息（艺术家的名字、作品题目、日期等等）。

珍妮特·格劳请每个人向她描述他们所选择的作品，但没有指导他们如何描述这些作品的。画作本身没有被拍到，观众们只能看到它们的背面。这些视频素材能让我们观察讲话者，观察他们的姿势，探究的目光以及他们感到不适的瞬间。我们看到他们努力想用言语来表达出作品。没有关于作品政治背景的辩论，也没有关于其价值的疑问，我们看到的只是他们个人与画作的亲密邂逅。关于这些作品的性质问题仍没有得到回答，也就是说，没有负面或正面的假设，这正是社会主义现实主义的作品在展出时常见的情况。

焦点反而集中于观赏艺术的动态，以及用言语表达这种体验的努力。画像反映在参与者的脸上，语言还有态度中，但是最后作品仍是没有被公开。我们仅能看到空无一物的背面，以及关于公共领域中缺乏这些画像的讽刺言论。

朴赞京，飞行

2005，视频 13分钟

2000年6月，朝鲜战争后的第一次韩朝峰会举行。这部短片是从电视节目剪辑而来的，电视节目记录了从韩国到平壤的航班，还有平壤的机场和街道。视频的配乐取自尹伊桑1977年的作品《双重协奏曲》的开头部分，这首曲子的灵感来源于牛郎织女的传说。

传说中玉皇大帝为了惩罚牛郎织女的懒惰而把两人分隔在银河两边。然而，小鸟们很同情他们，每年的七月七日在银河上为他们搭桥，因此他们得以一年相见一次。尹伊桑以这个传说比喻南北韩的关系。南北韩之间的距离犹如银河两端如此遥远。而牛郎织女的相见象征着团圆。当尹伊桑在创作这首曲子时，他也许在想着无数的小鸟横跨星系来搭建桥梁。然而，他不能回到已被分裂的祖国，在流亡中死去——就在当时刚刚统一的德国。

朴赞京，停电

2009，视频 3分50秒

在朝鲜，描绘海浪滔天之景的朝鲜王朝派绘画属于一种体裁。这些画作的"革命浪漫主义"让人们联想到朝鲜长期的能源不足。"这些作品的'民族形式'让我想到了西方大型发电站正在朝鲜的大海里勘测石油和天然气的开采潜能。万寿台创作社的朝鲜王朝派画家们完美扮演了他们的政治角色。"朴赞京说他的"录像艺术"挪用了他们的艺术，却是浪费了电。

1 《海金刚的浪涛》（关于朝鲜王朝派画作中海浪形状的研究，作者是金成根，艺术教育出版社，2003年）在朝鲜出版，内含60张海浪绘画作品的图片。在本书中，作者用120多页的篇幅详细讲解了"朝鲜王朝派画作"中描绘大海和海浪的方式。

2 在2000年，水力发电站为朝鲜供应约67%的电力。由于电力短缺，朝鲜采取配给制。整个国家经常会长时间停电，而且由于输电网又高又旧，常常会出现电能损耗。

3 如今（2002），韩国不同意用本国的输电网为朝鲜供电。而且据报道，朝鲜已与俄国商讨电力援助的可能性。

4 朝鲜的西朝鲜湾在地理上被视为中国渤海湾的延伸，因此也许会含有油气储备。像瑞典的Taurus能源公司、英国的索科国际和Aminex集团等一些企业都在朝鲜海里勘测开采石油和天然气的潜能。

刘鼎，礼物 No. 2

2011，录像装置（竖屏）2分50秒

受一位收藏家委托，这是一份送给她自己的生日礼物，以三屏录像装置的形式呈现。选取的片段是1962年在肯尼迪总统的生日派对上，玛丽莲·梦露为他唱的"生日快乐歌"，刘鼎把它剪辑成几个部分，并且在她的歌声中插入他写的几段文字，有关做梦以及对生活的期望。
刘鼎写的是：对一些人来说，做梦是每天都会经历的事情，是一个内在程序，是一种自然的存在方式。

想象着与现实生活不同的状况。
期待着自己身处与现实生活不同的情境。
向往着与现实生活不同的情景。

金庆满，陛下万岁

2002，13分钟

《大韩新闻》是一部系列宣传片，从1952年至1994年间由韩国政府新闻处制作。在那段时间，《大韩新闻》每周都会有一个短片。《陛下万岁》取自1952至1960年期间的《大韩新闻》系列。这部片子是关于独裁者李承晚的，他也是韩国的第一任总统。在影片中，他每天都过得像庆祝生日一样。如果说美国将朝鲜定义为一个疯狂极权的独裁国家，这不是出于对朝鲜的误解，而是出于美国自身误读。如果大多数美国人知道上个世纪发生了什么，例如美国政府是如何支持战争罪行及独裁国家的，也许他们就不会这样评论朝鲜了。同样的，如果韩国将朝鲜定义为一个搞个人崇拜的极权社会，那么对韩国来说这难免有点讽刺。因为在上世纪最后几十年里，韩国完全是一个被独裁政权统治的国家。韩国的情况与朝鲜大致相同，除了韩国的领导人换了数次。人们对朝鲜表现出敌意，却又一度崇拜像李承晚总统那样的暴君，把他们当作"我们伟大的国父"，这的确很讽刺。

09.30–10.00	入场
10.00–10.15	沙龙活动开幕:《完整》,《拥抱》 作曲: 罗里·皮尔格林, 演唱: 罗宾·哈顿 大提琴演奏: 邢小娟, 笙演奏: 刘龙
10.15–10.30	开幕辞: 香港/广州歌德学院院长 高佳碧
10.30–12.30	关于在平壤的德语阅览室的开放性会谈; 从德国的音乐和书籍谈朝鲜与韩国的文化样式 发言人: • 斯特凡·德雷尔, 歌德学院院长 • 朴赞京, 艺术家及电影制作人 • 金庆满, 电影制作人 • 加布里尔·施特策 / 爱尔福特女性艺术家团体 • 主持人: 金炫进
12.30–14.00	(午餐) 烹饪表演:《幸福和平汤》, 表演者: 埃贡·汉福斯汀格
14.00–15.30	对话:《歌德与他的食物, 中国对歌德的影响》 路里恩·维哲斯 (休息)
15.45–16.15	《真正的书柜》, 陈侗, 现场谈话
16.15–16.45	《摘要阅读》, 由四位朗诵者以四种语言 (韩语, 德语, 中文, 英语) 朗诵金素拉写作的片段
16.45–17.00	沙龙闭幕式:《完整》,《拥抱》 作曲: 罗里·皮尔格林, 演唱: 罗宾·哈顿 大提琴演奏: 邢小娟, 笙演奏: 刘龙

沙龙活动开幕：《完整》，《拥抱》作曲：罗里·皮尔格林，
演唱：罗宾·哈顿，大提琴演奏：邢小娟，笙演奏：刘龙

在本次沙龙活动中，艺术家罗里·皮尔格林为开幕式和闭幕式做了一首歌曲。歌曲分为两个部分，将探索人类最主要的本能之一，拥抱。这是从最初将分开的人们团结在一起，并开始新生活本能。皮尔格林探索人类声音所具有的团结人心和表达人类经验的潜力。作为一种乐器，人声是我们语言的直接通道。我们通过声音将情感理解转化为语言。皮尔格林与英国歌手、艺术家罗宾·哈顿合作新曲，探索表达爱、协调、和平、痛苦与失去等的语言，借以该曲思索每个个体是如何产生普遍共鸣的。他与当地艺术家的合作，是用人声交织的无言之韵，跨越语言的理解范畴，联合人心。

香港/广州歌德学院院长高佳碧致开幕辞

开放式座谈：平壤的德语图书阅览室；
德语音乐与书籍作为朝鲜与韩国统一的方式

第一部分：演讲：75分钟

发言人：
- 斯特凡·德雷尔，首尔歌德学院院长，将对平壤的德语图书馆开设之前的过程进行说明，并进一步说明现在德国在平壤和朝鲜进行的文化活动。
- 朴赞京，韩国艺术家，电影制作人，将会展示他的视频作品《停电》和《飞行》。他将谈论他对冷战对反思实践以及他所做的朝鲜与韩国关系的作品。
- 金庆满，电影制作人，将对他的作品做简短的介绍，并说明韩国对工人运动在某些程度上的影响。
- 加布里尔·施特策/爱尔福特女性艺术家团体，将会简要介绍她所做的实践，并对她在上世纪八十年代，与女性艺术家团体一起在东德她做的和平统一运动做简短介绍。
- 主持人 金炫进，策展人，作家，在韩国文化机构ARCO工作，将简要总结外国文化机构在韩国对表现。

中间休息：15分钟

第二部分 开放性讨论：与参与者共同讨论，由金炫进主持—45分钟

第二部分 开放性讨论：与参与者共同讨论，由金炫进主持——45分钟主要的问题有：
德国过往历史是否能为韩国与朝鲜的发展进程提供参照和借鉴？历史的德国与韩国朝鲜都受制于两种不同的社会制度和各自不同的历史背景，这样的类比是否过于简单化？在西方帝国主义与欧洲中心论并行的框架下，德国应如何置身其中？
二战后，德国在世界范围内（包括朝鲜）开设文化中心的目的何在？是文化输出还是内含政治经济的考虑？平壤开设的德语阅览室对其的过去和现在有何影响？
我们对朝鲜与德国的一贯印象是否过于片面？德语图书阅览室对韩国与朝鲜的发展进程，对于全球化能发挥怎样的作用？具有什么启示性的意义？

烹饪表演：喜乐和平汤，埃贡·汉福斯汀格

埃贡·汉福斯汀格，厨师和艺术家，将在广州表演他的"喜乐和平汤"。这道汤用直接的通用之语"无言之胃"来发声。汤料与芳香弥漫于我们体内的每个细胞。做汤的食材将采自当地与亚欧各地。埃贡在做汤时引用的一则中国古食谱，出自孙思邈（621-713年）的《千金要方》，该书成书于唐朝（650年代）。

歌德与他的食物以及中国对他的影响，歌德学院路里恩·维哲斯

路里恩·维哲斯，艺术家与作家，过去几十年的主要创作为"精神雕塑"，目的主要是通过对话与集中谈话，来凸显我们意识中的微妙变化。在广州歌德学院，她提议，可以对中国对约翰·沃尔夫冈·冯·歌德的影响进行讨论。而歌德学院正是根据"歌德"对名字来命名的。在1809年，歌德的助理朱利叶斯·克拉普罗斯（1783-1853），出版了一本中国文学概述。歌德还遵循了他的医师W.C.胡费兰发布于1797年的粗粮素食养生法。胡费兰在其书中插入了中国人探讨食物在体内所起作用的理论。胡费兰称他的粗粮素食养生法是"软疗法"，运用自然之力以延长生命，与"硬派的医学科学"成对比。歌德在这两方面受到了中国的影响。路里恩·维哲斯本次主旨即在重建欧亚文化。

陈侗：现场谈话，真正的书柜

金素拉：摘要阅读，不同朗诵者的进行阅读表演
（朗诵者现场艺术家）

德语图书室陈列的书籍主题除了德国文化、历史、哲学、科学与德国外交政策、冷战、世界大战，也有文学与乐谱。金素拉主要以首尔为活跃大本营。她会从不同书籍中任意摘选书页，以这些书页为基础创造出新文本：超越意义与不同语种的文本。摘要阅读是种不可能的语言，但却是最完全的，真实的类型。在读这种语言时，文字会立马消逝，甚至是同一个朗读者朗读的不会再重复。每个词语的发音取决于朗读者和该朗读者面临的或已亲历的每一个具体的时刻，无一类同。只有最真挚和诚实的阅读才能使发音成为可能。该语言的意义从来就没有固定的形式，但仍然可以通过无法言喻的理解方式来进行完美分享。

沙龙闭幕式：《完整》，《拥抱》作曲：罗里·皮尔格林，演唱：罗宾·哈顿，大提琴演奏：邢小娟，笙演奏：刘龙

朴赞京 1965年出生于韩国首尔，现居住于韩国首尔，
艺术家，电影制作人

崔昌浩 1960年出生于朝鲜洪城,现居住于朝鲜平壤,
艺术家/平壤万寿台创作社美术馆馆长

陈侗 1962年出生于中国湖南，现居住于中国广州，
艺术家/广州博尔赫斯书店当代艺术中心创始人

刘鼎 1976年出生于中国常州，现居住于中国北京，
艺术家

李东永 1981年出生于韩国大邱，
现居住于荷兰阿姆斯特丹，设计师

埃贡·汉弗斯汀格 1960年出生于德国，
现居住于荷兰哈勒姆, 艺术家/厨师

高佳碧 出生于德国，现居住在香港, 香港歌德学院院长

加布里尔·施特策/埃尔福特艺术家组合 1953年出生于
德国厄勒本，现居住于德国埃尔福特, 艺术家，
爱尔福特女性艺术家团队共同创始人

汉斯·哈克 1936年出生于德国科隆，现居住于美国纽
约, 艺术家

金炫进 1975年出生于韩国大田廣，现居住于韩国首尔，
作家/策展人

珍妮特·格劳 1964年出生于美国克利夫兰，
现居住于德国海德尔堡, 艺术家

克里斯蒂安·约翰森 1987年出生于丹麦哥本哈根，
现居住于英国伦敦, 网页设计师

金庆满 1972年出生于韩国首尔，现居住于韩国首尔,
艺术家

刘龙 1981年出生于中国山东，现居住于中国广州，
笙演奏者

路里恩·维哲斯 1941年出生于阿尔廷，
现居住于荷兰福沃特, 艺术家/作家

罗宾·哈顿 1992年出生于英国圣奥尔本斯，
现居住于英国谢菲尔德, 歌手

罗里·皮尔格林 1988年出生于英国布里斯托尔，
现居住于荷兰, 艺术家/作曲家

萨拉·范·德·海德 1977年出生于韩国釜山，
现居住于荷兰阿姆斯特丹, 艺术家

金索拉 1965出生于韩国首尔，现居住于韩国首尔，
艺术家

斯蒂芬·迪瑞亚 出生于德国，现居住于韩国首尔，
首尔歌德学院院长

邢小娟 1990年出生于中国海南，现居住于中国广州，
大提琴演奏者